SHIRLEY WILLIS nació en Glasgow, Escocia. Ha trabajado como ilustradora, diseñadora y redactora, principalmente de libros para niños.

BETTY ROOT era la Directora del Centro de Lectura e Información sobre el Lenguaje de la Universidad de Reading, Inglaterra durante más de 20 años. Ha trabajado con numerosos libros para niños, incluyendo obras de ficción y literatura fuera de la novelística.

PETER LAFFERTY era maestro de ciencias de una secundaria. Desde 1985 se ha dedicado a escribrir libros de ciencias y tecnología para niños y para la lectura en casa. Ha redactado y contribuido a varios diccionarios y enciclopedias científicos.

REDACTORA: KAREN BARKER SMITH
ESPECIALISTA TÉCNICO: PETER LAFFERTY
ESPECIALISTA DEL LENGUAJE: BETTY ROOT

UN LIBRO DE SBC, CONCEBIDO, REDACTADO Y DISEÑADO POR THE SALARIYA BOOK COMPANY, 25, MARLBOROUGH PLACE, BRIGHTON, EAST SUSSEX BN1 1UB, REINO UNIDO.
© THE SALARIYA BOOK COMPANY LTD MCMXCIX

PRIMERA EDICIÓN ESTADOUNIDENSE 1999, FRANKLIN WATTS
GROLIER PUBLISHING CO., INC., 90 SHERMAN TURNPIKE, DANBURY, CT 06816

ISBN 0 531 11844 4 (LIB.BDG.)
ISBN 0 531 15994 9 (PBK.)

VISITE A FRANKLIN WATTS EN EL INTERNET A: HTTP://PUBLISHING.GROLIER.COM

La documentación de catálogo que corresponde a este título se puede obtener de la Biblioteca del Congreso de los EE. UU.

GROLIER
PUBLISHING

LOS ESTUPENDOS

ÍNDICE GENERAL

Dondequiera que veas este símbolo, pídele a una persona mayor que te ayude.

ESTUPENDOS

DIME CUÁNTO PESA

Escrito e
ilustrado por
SHIRLEY WILLIS

FRANKLIN WATTS
Una   hing
NEW   NEY

¿ES PESADO ... O LIGERO?

Un elefante es pesado pero una pluma es ligera. Cada uno tiene un peso diferente. Se pueden pesar todas las cosas, incluso el aire.

6

Una pluma es tan ligera que parece no pesar nada. En una mano, ten una pluma y en la otra una almohadita rellena de plumas. Si hay muchas plumas adentro de la almohadita, puedes sentir cuanto pesan.

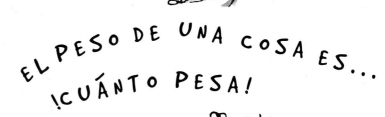

EL PESO DE UNA COSA ES... ¡CUÁNTO PESA!

¿ES DÍFICIL LEVANTARLO?

Es fácil o difícil levantar una cosa, según el peso.
Es fácil levantar un objeto ligero. No pesa mucho.
Es difícil levantar un objeto pesado porque pesa mucho.

Es fácil levantarlo porque es ligero.

Es difícil levantarlo
porque es pesado.

Esto es demasiado
pesado para levantar.

¡AAYY!

¿PARECE PESADO?

Es posible que un
objeto grande
parezca ser pesado
pero, ¿de veras
es pesado?
Puede ser ligero.

El tamaño y el peso son
medidas diferentes.
El tamaño muestra
solamente qué tan
grande es el objeto,
pero no muestra el peso.

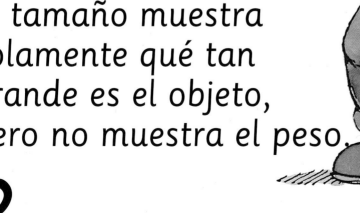

¡ESTA CAJA ES MÁS PESADA DE LO QUE PARECE!

10

ESTA CAJA ESTÁ VACÍA. ES MÁS LIGERA DE LO QUE PARECE

¿SER GRANDE ES LO MISMO QUE SER PESADO?

Necesitarás: Tres cajas de tamaños diferentes: una pequeña, una mediana y una grande
Unas canicas
Cinta adhesiva

1. Cuente cuántas canicas necesitas para llenar la caja pequeña. Ciérrala con la cinta.
2. Pon la mitad de aquella cantidad de canicas en la caja mediana. Ciérrala con la cinta.
3. Pon solamente una canica en la caja más grande. Ciérrala con la cinta.

Ahora, pide a tus amigos que adivinen cuál de las cajas es la más pesada.

11

¿CUÁL ES EL MÁS PESADO?

Antes de la invención de las máquinas de pesar, se necesitaba estimar el peso de un objeto.

¿CUÁL ES MÁS PESADO, UNA TONELADA DE PLUMAS... O UNA TONELADA DE LADRILLOS?

Una tonelada es un peso fijo y nunca cambia. Por lo tanto, el peso de una tonelada de plumas es igual al peso de una tonelada de ladrillos.

¿PUEDES ADIVINAR?

Necesitarás: Objetos que tengan pesos
y tamaños diferentes
Dos bolsas para las
compras

Pon un objeto en cada bolsa. Ahora, pídele a un amigo que levante las dos bolsas y que adivine cuál pesa más.

1. Pon un objeto pesado en una bolsa y un objeto ligero en la otra.
2. Después, escoge dos objetos que tengan pesos menos diferentes.
3. Finalmente, escoge dos objetos cuyos pesos son casi iguales.

Cuando los objetos tienen casi el mismo peso, es mucho más difícil saber cuál es el más pesado.

¿ES LIGERO?

¿ES PESADO?

¡ES DIFÍCIL DETERMINARLO!

13

¿SON IGUALES DE PESO?

Una manera sencilla de determinar si dos objetos son iguales de peso es ponerlos en una balanza.

Este lado de la subibaja cae porque yo peso más que el perro.

¡TUN!

Este lado de la subibaja subió porque yo peso menos que ella.

Si los pesos de la muchacha y del perro fueran iguales, la subibaja se balancearía. Cada lado estaría a la misma distancia de la tierra.

HAZ UNA BALANZA

Necesitarás: Un gancho
2 platos de papel
Cinta adhesiva
Estambre de lana

1. Pon los dos platos boca abajo.

 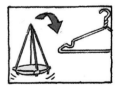

2. Con la cinta, pega las puntas del estambre de lana en la parte de abajo de cada plato, como se ve en el dibujo.

3. Cuelga las cuerdas del gancho, como se ve en el dibujo.

15

¿CÓMO LO PESAS?

¡TODOS LOS DÍAS PUEDES COMER BIZCOCHOS QUE PESEN CASI LO MISMO QUE CINCO CANICAS!

Puedes medir cantidades exactas con varios tipos de pesas.

¡GUAU!

Cualquier objeto puede servir como pesa con tal de que todos sean iguales. Puedes usar canicas, cubitos para construcción o piedritas.

¿CUÁNTO PESA?

Necesitarás: Unas canicas
                     Arena
                     Unos sujetapapeles
                     Unos pedacitos de papel

1. Escoge el número de canicas que vas a usar.
2. Mide una cantidad de arena que sea suficiente para balancearse con las canicas. Ahora, haz lo mismo con los sujetapapeles y los pedacitos de papel. ¿Son del mismo tamaño los dos montoncitos?

Cada montoncito tiene el mismo peso pero es de tamaño diferente. El material más ligero forma el montoncito más grande porque se necesita más para balancearse con las canicas.

Puedes contrapesar las canicas con cualquier cosa. Cuanto más ligero sea el material, tanto más material se necesita para contrapesar con las canicas. Cuanto más pesada sea el material, tanto menos material se necesita. (Se necesitan muchísimas plumas pero pocos sujetapapeles para contrapesar con las canicas.)

17

¿CUÁNTo PESA?

Cuando todo el mundo medía con diferentes tipos de pesas, nadie estaba de acuerdo sobre el peso.

En los EE.UU. se utiliza un sistema de medidas que se basa en onzas y libras.

16 ONZAS = 1 LIBRA

2,000 LIBRAS = 1 TONELADA

Los dulces son ligeros.
Los pesamos por onzas.

Yo peso más.
Doy mi peso en libras.

De veras soy pesado.
Me pesan por toneladas.

19

¿CUÁNTo PESAS?

Nos pesamos en la báscula del cuarto de baño.

Si no comes de una manera saludable, tu peso podría ser demasiado alto o demasiado bajo. Es mejor no estar ni demasiado gordo ni demasiado flaco.

HAZ UNA GRÁFICA SOBRE EL PESO

Necesitarás:

Una báscula del cuarto de baño
Tachuelas
Tijeras
Una regla
Unas hojas de papel

1. Pega una hoja de papel en la pared.
2. Utiliza la regla para dividir la otra hoja en tiras del mismo tamaño. Ahora, córtalas.
3. Utiliza la báscula para medir tu peso.
4. Pon tu tira de papel junto a la escala a la derecha. Marca tu peso en la tira con una línea de puntitos.
5. Corta el papel, siguiendo la línea de puntitos.
6. Escribe tu nombre y tu peso en la tira y pégala al cuadro. Pídeles a tus compañeros de clase que hagan lo mismo.

¿Quién pesa más?
¿Quién pesa menos?

Averigua el peso total de tu clase al sumar los pesos de todos los alumnos.

LIBRAS

84
70
56
42
28
14
0

¿POR QUÉ PESAMOS LAS COSAS?

Hay muchos motivos para saber cuánto pesa algo.

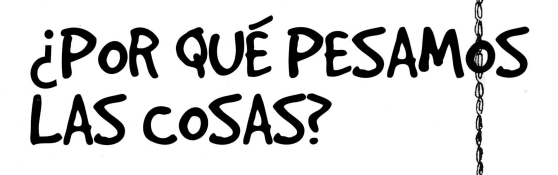

NOS PESAMOS

Pesamos a los infantes y a los niños para saber si están desarrollándose bien. Los adultos también deben pesarse para saber si su peso es normal.

PESAMOS LA COMIDA

Pesamos la mayoría de la comida que compramos para que podamos escoger cuánto necesitamos. A veces, la comida ya está empaquetada en cantidades convenientes antes de que la compremos.

ESTE PAQUETE ES GRANDE PERO, ¡QUÉ ALEGRÍA! ¡NO PESA MUCHO!

PESAMOS LOS PAQUETES

Pesamos los paquetes y las cartas en el correo. Cuesta más mandar un paquete pesado que un paquete ligero.

¿ES IMPORTANTE EL PESO?

El peso es importante para la seguridad. Un avión que pesa demasiado no puede volar. Un puente puede quebrantarse si está sobrecargado.

¿ES SEGURO?

Necesitarás: 2 pajitas
2 cubitos para construcción

1. Haz un puente sencillo de pajitas y bloques.
2. Pon una moneda en el centro del puente. Añade más monedas y mira lo que pasa. Si hay demasiadas monedas, el puente se derrumbará.

Un bote puede hundirse si está sobrecargado.

¿ES SEGURO?

Cada vez que otro niño sube abordo, el bote se hace más pesado. Este bote no es seguro porque está sobrecargado. Podría hundirse.

¡DEMASIADOS NIÑOS HUNDIRÁN EL BOTE!

25

¿CUÁNTO PESA UN ELEFANTE?

¡UUFFFF!

Nos pesamos en la báscula del cuarto de baño.

Un elefante es demasiado pesado para pesarse en esa báscula y una pluma es demasiado ligera.

¡TÚ DEBES SER DEMASIADO LIGERO TAMBIÉN!

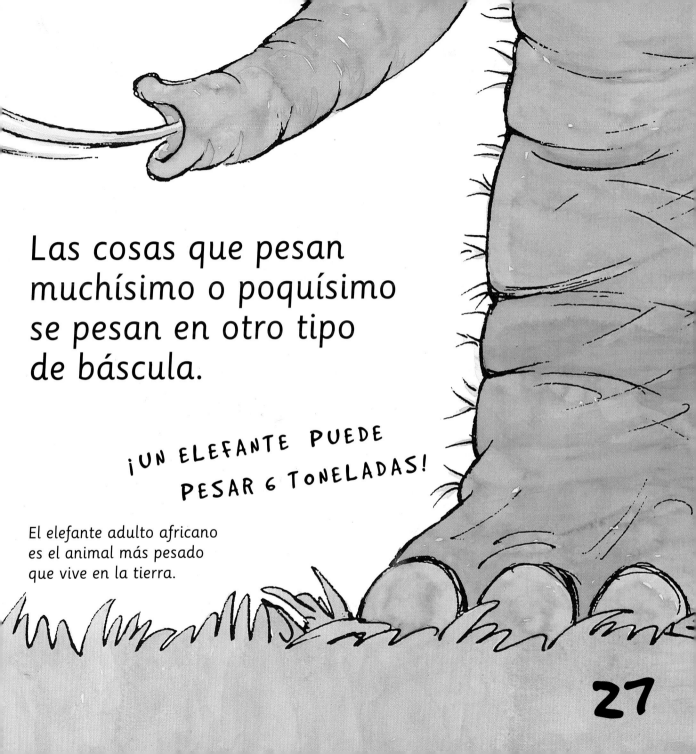

Las cosas que pesan
muchísimo o poquísimo
se pesan en otro tipo
de báscula.

¡UN ELEFANTE PUEDE
PESAR 6 TONELADAS!

El elefante adulto africano
es el animal más pesado
que vive en la tierra.

27

¿CUÁNTO PESA LA TIERRA?

La tierra pesa muchísimo, pesa muchos millones de toneladas.
Es difícil imaginar tanto peso.

UN ELEFANTE ES PESADO. PESA TANTO COMO 90 SERES HUMANOS ADULTOS PERO...

28

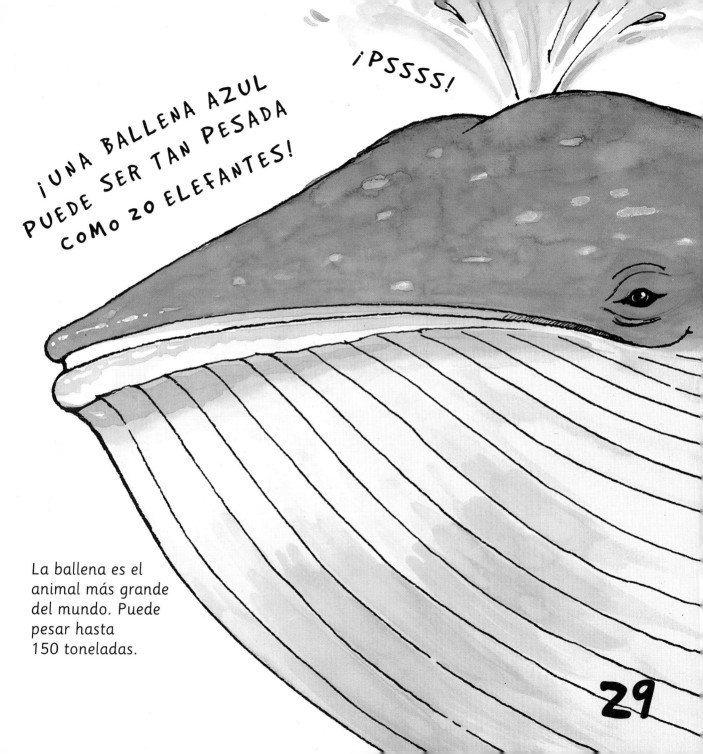

¡UNA BALLENA AZUL PUEDE SER TAN PESADA COMO 20 ELEFANTES!

¡PSSSS!

La ballena es el animal más grande del mundo. Puede pesar hasta 150 toneladas.

29

GLOSARIO

la balanza	Una máquina sencilla que contrapesa una cosa con otra.
la carga	La cantidad de peso que trae un barco o un vehículo.
contrapesar	Hacer que el peso de una cosa se balancee con otra.
ligero	Cuando un objeto no pesa mucho.
la libra	Una unidad de peso que equivale a 16 onzas.
la onza	Una unidad de peso que se utiliza para medir cantidades pequeñas.
pesado	Cuando un objeto pesa mucho.
el peso	Cuánto pesa algo.
el tamaño	Indica qué tan grande o qué tan pequeño es algo.
la tonelada	Una unidad de peso que consiste en 2,000 libras.

ÍNDICE